2022 年 3 月 5 日，第十三屆全國人民代表大會第五次會議在北京人民大會
堂開幕。國務院總理李克強作政府工作報告。

圖解 2022 中國「政府工作報告」

目　錄

CONTENTS

政府工作報告 ·································· /1

一、2021 年工作回顧　/1

二、2022 年經濟社會發展總體要求和

政策取向　/22

三、2022 年政府工作任務　/27

視頻索引　/64

政 府 工 作 報 告

—— 2022 年 3 月 5 日在第十三屆全國人民
代表大會第五次會議上

國務院總理　李克強

各位代表：

現在，我代表國務院，向大會報告政府工作，請予審
議，並請全國政協委員提出意見。

一、2021 年工作回顧

過去一年是黨和國家歷史上具
有里程碑意義的一年。以習近平同
志為核心的黨中央團結帶領全黨全
國各族人民，隆重慶祝中國共產黨
成立一百週年，勝利召開黨的十九

習近平等中國
共產黨和國家
領導人出席開
幕式

李克強離席
作政府工作
報告

〔延伸閱讀〕

三個歷史決議

中國共產黨的第一個歷史決議：1945 年 4 月黨的六屆七中全會通過的《關於若干歷史問題的決議》。

中國共產黨的第二個歷史決議：1981 年 6 月黨的十一屆六中全會通過的《關於建國以來黨的若干歷史問題的決議》。

中國共產黨的第三個歷史決議：2021 年 11 月黨的十九屆六中全會通過的《中共中央關於黨的百年奮鬥重大成就和歷史經驗的決議》。

中國共產黨成立 100 週年慶祝大會隆重舉行

屆六中全會、制定黨的第三個歷史決議，如期打贏脫貧攻堅戰，如期全面建成小康社會、實現第一個百年奮鬥目標，開啟全面建設社會主義現代化國家、向第二個百年奮鬥目標進軍新征程。一年來，面對複雜嚴峻的國內外形勢和諸多風險挑戰，全國上下共同努力，統籌疫情防控和經濟社會發展，全年主要目標任務較好完成，「十四五」實現良好開局，我國發展又取得新的重大成就。

——經濟保持恢復發展。國內生產總值達到 114 萬億元，增長 8.1％。全國財政收入突破 20 萬億元，增長 10.7％。城鎮新增就業 1269 萬人，城鎮調查失業率平均為 5.1％。居民消費價格上漲 0.9％。國際收支基本平衡。

——創新能力進一步增強。國家戰略科技力量加快壯大。關鍵核心技術攻關取得重要進展，載人航天、火

星探測、資源勘探、能源工程等領域實現新突破。企業研發經費增長 15.5％。數字技術與實體經濟加速融合。

神舟十三號載人飛船成功發射

——經濟結構和區域佈局繼續優化。糧食產量 1.37 萬億斤，創歷史新高。高技術製造業增加值增長 18.2％，信息技術服務等生產性服務業較快發展，產業

2021年發展成就

- 經濟保持恢復發展
- 創新能力進一步增強
- 經濟結構和區域佈局繼續優化
- 改革開放不斷深化
- 生態文明建設持續推進
- 人民生活水平穩步提高
- 疫情防控成果持續鞏固

鏈韌性得到提升。區域發展戰略有效實施，新型城鎮化扎實推進。

——改革開放不斷深化。在重要領域和關鍵環節推出一批重大改革舉措，供給側結構性改革深入推進。「放管服」改革取得新進展。市場主體總量超過 1.5 億戶。高質量共建「一帶一路」穩步推進。推動區域全面經濟夥伴關係協定生效實施。貨物進出口總額增長 21.4%，實際使

〔名詞解釋〕

區域全面經濟夥伴關係協定

2020 年 11 月 15 日，區域全面經濟夥伴關係協定（Regional Comprehensive Economic Partnership，簡稱「RCEP」）在 2020 年東盟輪值主席國越南的組織下正式簽署，標誌著當前世界上人口最多、經貿規模最大、最具發展潛力的自由貿易區正式啟航。RCEP 由東盟 10 國（印度尼西亞、馬來西亞、菲律賓、泰國、新加坡、文萊、柬埔寨、老撾、緬甸、越南）發起，邀請中國、日本、韓國、澳大利亞、新西蘭、印度 6 個對話夥伴國參加，旨在通過削減關稅及非關稅壁壘，建立一個統一市場。協定涵蓋 20 個章節，既包括貨物貿易、服務貿易、投資等市場准入，也包括貿易便利化、知識產權、電子商務、競爭政策、政府採購等大量規則內容。在現代化上，RCEP 採用區域原產地累積規則，支持區域產業鏈供應鏈發展；採用新技術推動海關便利化，促進新型跨境物流發展；採用負面清單作出投資准入承諾，大大提升投資政策的透明度；適應數字經濟時代的需要。2022 年 1 月 1 日，RCEP 正式生效。首批生效的國家包括文萊、柬埔寨、老撾、新加坡、泰國、越南等東盟 6 國和中國、日本、新西蘭、澳大利亞等非東盟 4 國。

用外資保持增長。

——生態文明建設持續推進。污染防治攻堅戰深入開展，主要污染物排放量繼續下降，地級及以上城市細顆粒物（PM2.5）平均濃度下降 9.1％。第一批國家公園正式設立。生態環境質量明顯改善。

〔名詞解釋〕

國家公園

　　國家公園是指由國家批准設立並主導管理，邊界清晰，以保護具有國家代表性的大面積自然生態系統為主要目的，實現自然資源科學保護和合理利用的特定陸地或海洋區域。世界自然保護聯盟將其定義為大面積自然或近自然區域，用以保護大尺度生態過程以及這一區域的物種和生態系統特徵，同時提供與其環境和文化相容的精神的、科學的、教育的、休閒的和遊憩的機會。

　　國家主席習近平 2021 年 10 月 12 日下午以視頻方式出席《生物多樣性公約》第十五次締約方大會領導人峰會並發表主旨講話，宣佈中國正式設立三江源、大熊貓、東北虎豹、海南熱帶雨林、武夷山等第一批國家公園。

——人民生活水平穩步提高。居民人均可支配收入實際增長 8.1％。脫貧攻堅成果得到鞏固和拓展。基本養老、基本醫療、社會救助等保障力度加大。教育改革發展邁出新步伐。新開工改造城鎮老舊小區 5.6 萬個，惠及近千萬家庭。

——疫情防控成果持續鞏固。落實常態化防控舉

措，疫苗全程接種覆蓋率超過 85％，及時有效處置局部地區聚集性疫情，保障了人民生命安全和身體健康，維護了正常生產生活秩序。

回顧過去一年，成績得來殊為不易。我國經濟尚處在突發疫情等嚴重衝擊後的恢復發展過程中，國內外形勢又出現很多新變化，保持經濟平穩運行難度加大。我們深入貫徹以習近平同志為核心的黨中央決策部署，貫徹落實中央經濟工作會議精神，完整、準確、全面貫徹新發展理念，扎實做好「六穩」、「六保」工作，注重宏觀政策跨週期和逆週期調節，有效應對各種風險挑戰，主要做了以下工作。

一是保持宏觀政策連續性針對性，推動經濟運行保持在合理區間。宏觀政策適應跨週期調節需要，保持對經濟恢復必要支持力度，同時考慮為今年應對困難挑戰預留政策空間。建立常態化財政資金直達機制，將 2.8 萬億元中央財政資金納入直達範圍。優化地方政府專項債券發行使用。有效實施穩健的貨幣政策，兩次全面降準，推動降低貸款利率。有序推進地方政府債務風險防範化解，穩妥處置重大金融風險事件。強化穩崗擴就業政策落實，扎實做好高校畢業生等重點群體就業工作，推進大眾創業萬眾創新。加強大宗商品保供穩價，著力解決煤炭電力供應緊張

〔延伸閱讀〕

兩次全面降準

2021 年 7 月 9 日，中國人民銀行宣佈決定於 2021 年 7 月 15 日下調金融機構存款準備金率 0.5 個百分點（不含已執行 5% 存款準備金率的金融機構）；此次下調後，金融機構加權平均存款準備金率為 8.9%，釋放長期資金約 1 萬億元。2021 年 12 月 6 日，中國人民銀行宣佈決定於 2021 年 12 月 15 日下調金融機構存款準備金率 0.5 個百分點（不含已執行 5% 存款準備金率的金融機構）；此次下調後，金融機構加權平均存款準備金率為 8.4%，釋放長期資金約 1.2 萬億元。

全面降準的目的是加強跨週期調節，優化金融機構的資金結構，提升金融服務能力，更好支持實體經濟。一是在保持流動性合理充裕的同時，有效增加金融機構支持實體經濟的長期穩定資金來源，增強金融機構資金配置能力。二是引導金融機構積極運用降準資金加大對實體經濟特別是中小微企業的支持力度。三是降低金融機構資金成本，通過金融機構傳導可促進降低社會綜合融資成本。

問題。從全年看，主要宏觀經濟指標符合預期，財政赤字率和宏觀槓桿率下降，經濟增速繼續位居世界前列。

二是優化和落實助企紓困政策，鞏固經濟恢復基礎。上億市場主體承載著數億人就業創業，宏觀政策延續疫情發生以來行之有效的支持路徑和做法。去年新增減稅降費超過 1 萬億元，還對製造業中小微企業、煤電和供熱企業實施階段性緩繳稅費。實踐表明，減稅降費是助企紓困直接有效的辦法，實際上也是「放水養魚」、涵養稅源，2013 年以來新增的涉稅市場主體去年納稅達到 4.76 萬億

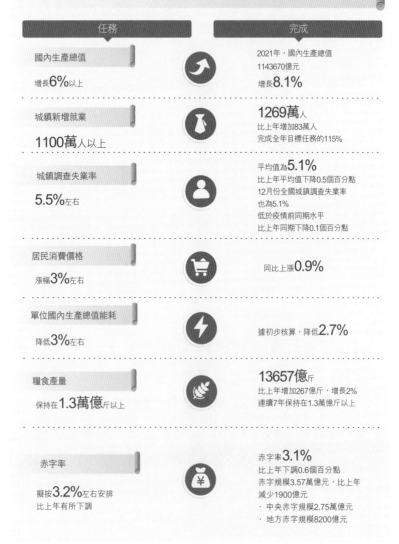

2021年《政府工作報告》量化指標任務完成了！

任務		完成
國內生產總值 增長**6%**以上		2021年，國內生產總值 1143670億元 增長**8.1%**
城鎮新增就業 **1100萬**人以上		**1269萬**人 比上年增加83萬人 完成全年目標任務的115%
城鎮調查失業率 **5.5%**左右		平均值為**5.1%** 比上年平均值下降0.5個百分點 12月份全國城鎮調查失業率 也為5.1% 低於疫情前同期水平 比上年同期下降0.1個百分點
居民消費價格 漲幅**3%**左右		同比上漲**0.9%**
單位國內生產總值能耗 降低**3%**左右		據初步核算，降低**2.7%**
糧食產量 保持在**1.3萬億**斤以上		**13657億**斤 比上年增加267億斤，增長2% 連續7年保持在1.3萬億斤以上
赤字率 擬按**3.2%**左右安排 比上年有所下調		赤字率**3.1%** 比上年下調0.6個百分點 赤字規模3.57萬億元，比上年 減少1900億元 · 中央赤字規模2.75萬億元 · 地方赤字規模8200億元

任務	完成

中央本級支出和對地方一般性轉移支付

中央本級支出繼續安排負增長
進一步大幅壓減非急需非剛性支出

對地方一般性轉移支付增長 **7.8%**
增幅明顯高於上年
· 均衡性轉移支付增幅超10%
· 縣級基本財力保障機制獎補資金等增幅超10%

中央本級支出35050億元
較上年下降0.1%
對地方一般性轉移支付約7.49萬億元

較上年增長 **7.8%**
· 均衡性轉移支付增長10.1%
· 縣級基本財力保障機制獎補資金增長13.2%

財政資金直達

建立常態化機制並擴大範圍

2.8萬億元中央財政資金
納入直達機制
規模明顯大於上年

建立常態化機制並擴大範圍
基本實現中央財政民生補助資金全覆蓋
中央財政共下達直達資金預算
指標**2.8萬億**元
各地安排項目43萬多個
累計形成支出2.67萬億元
佔中央財政已下達的95%
為地方落實惠企利民政策和做好「六穩」、「六保」工作提供更好財力保障

增值稅起徵點提高和所得稅優惠

將小規模納稅人增值稅起徵點從月銷售額10萬元提高到

15萬元

對小微企業和個體工商戶年應納稅所得額不超過100萬元的部分，在現行優惠政策基礎上，

再**減半**徵收所得稅

將小規模納稅人增值稅起徵點從月銷售額10萬元提高到

15萬元

對小微企業和個體工商戶年應納稅所得額不到100萬元的部分，在現行優惠政策基礎上，

再**減半**徵收所得稅相關政策
全年新增減稅1097.99億元

大型商業銀行普惠小微企業貸款

增長**30%**以上

截至2021年12月底
5家大型商業銀行普惠小微企業貸款餘額5.52萬億元
較上年底增加1.62萬億元

增幅**41.4%**

圖解 2022 中國「政府工作報告」

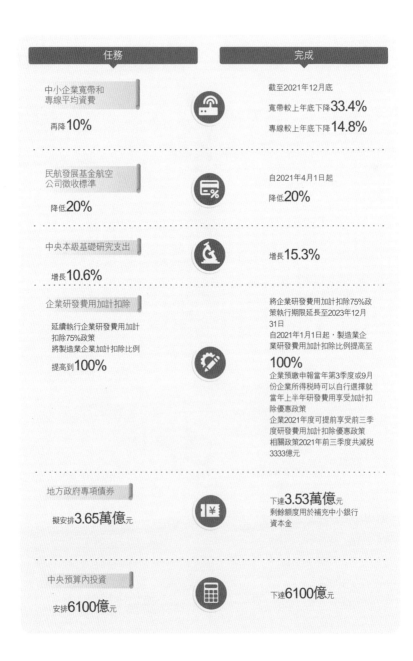

任務	完成
中小企業寬帶和專線平均資費 再降**10%**	截至2021年12月底 寬帶較上年底下降**33.4%** 專線較上年底下降**14.8%**
民航發展基金航空公司徵收標準 降低**20%**	自2021年4月1日起 降低**20%**
中央本級基礎研究支出 增長**10.6%**	增長**15.3%**
企業研發費用加計扣除 延續執行企業研發費用加計扣除75%政策 將製造業企業加計扣除比例 提高到**100%**	將企業研發費用加計扣除75%政策執行期限延長至2023年12月31日 自2021年1月1日起，製造業企業研發費用加計扣除比例提高至**100%** 企業預繳申報當年第3季度或9月份企業所得稅時可以自行選擇就當年上半年研發費用享受加計扣除優惠政策 企業2021年度可提前享受前三季度研發費用加計扣除優惠政策 相關政策2021年前三季度共減稅3333億元
地方政府專項債券 擬安排**3.65萬億**元	下達**3.53萬億**元 剩餘額度用於補充中小銀行資本金
中央預算內投資 安排**6100億**元	下達**6100億**元

任務	完成

新開工改造城鎮
老舊小區

5.3萬個

5.56萬個
完成全年目標任務的105%

北方地區清潔取暖率

達到**70%**

截至2021年12月底
北方地區清潔取暖面積約
156億平方米

清潔取暖率**73.6%**

居民醫保和基本公共
衛生服務經費人均財
政補助標準

居民醫保和基本公共衛生服務經費
人均財政補助標準分別再增加

30元和**5**元

居民醫保人均財政補助標準

新增**30**元
達到每人每年580元
基本公共衛生服務經費人均財

政補助標準新增**5**元
達到每人每年79元
新增部分統籌用於基本公共衛
生服務和基層醫療衛生機構疫
情防控工作

各地區均已落實兩項提標要求

醫療費用跨省直接結算

到2022年年底前

每個縣至少要確定**1**家定點醫
療機構提供包括門診費用在內
的醫療費用跨省直接結算

已完成年度任務
截至2021年12月底
2804個縣實現有1家以上普通門
診費用跨省聯網定點醫療機構
各地區均實現60%以上的縣至少

有**1**家普通門診費用跨省聯網定
點醫療機構

高職院校擴招

2020年和2021年擴招

200萬人

（2020年《政府工作報告》
量化指標任務）

2021年擴招139.41萬人
2020年擴招157.44萬人
兩年共計擴招

296.85萬人

資料來源：中國政府網。

元。加強鐵路、公路、航空、海運、港口等運輸保障。加大對受疫情影響嚴重行業企業信貸投放，繼續執行小微企業貸款延期還本付息和信用貸款支持政策，銀行業金融機構普惠小微企業貸款增長 27.3%，大型商業銀行普惠小微企業貸款增幅超過 40%，企業綜合融資成本穩中有降。

　　三是深化改革擴大開放，持續改善營商環境。加強市場體系基礎制度建設，推進要素市場化配置等改革。繼續壓減涉企審批手續和辦理時限，更多政務服務事項實現一網通辦。推廣一批地方改革經驗，開展營商環境創新試點。加強和創新監管，反壟斷和防止資本無序擴張，維護公平競爭。深入實施國企改革三年行動。支持民營企

〔延伸閱讀〕

北京證券交易所和廣州期貨交易所

　　北京證券交易所於 2021 年 9 月 3 日註冊成立，是經國務院批准設立的中國第一家公司制證券交易所，受中國證監會監督管理。經營範圍為依法為證券集中交易提供場所和設施、組織和監督證券交易以及證券市場管理服務等業務。

　　廣州期貨交易所於 2021 年 1 月 22 日由中國證監會批准設立，4 月 19 日揭牌。廣州期貨交易所是一家創新型期貨交易所，為粵港澳大灣區內企業、「一帶一路」沿線企業提供更多風險管理工具，強化金融服務實體經濟的能力，助力粵港澳大灣區構建資本市場高地，加速推進國際金融樞紐建設，提高全球金融影響力。

業健康發展。基本完成行業協會商會與行政機關脫鈎改革。設立北京證券交易所和廣州期貨交易所。穩步推進農業農村、社會事業、生態文明等領域改革。深化共建「一帶一路」務實合作。加大穩外貿穩外資力度，成功舉辦進博會、廣交會、服貿會及首屆消博會等重大展會。新增 4 個服務業擴大開放綜合試點，推出海南自由貿易港開放新舉措。

首屆中國國際消費品博覽會開幕

〔延伸閱讀〕

海南自由貿易港

　　海南自由貿易港是按照中央部署，在海南全島建設自由貿易試驗區和中國特色自由貿易港，是黨中央著眼於國內國際發展大局，深入研究、統籌考慮、科學謀劃作出的重大決策。2020 年 8 月 24 日，《2020 海南自由貿易港投資指南》發佈，為全球投資者提供一站式服務。9 月 28 日，海南自貿港開通洲際航線（洋浦—南太平洋—澳大利亞航線）。2021 年 1 月，《最高人民法院關於人民法院為海南自由貿易港建設提供司法服務和保障的意見》發佈實施。1 月 27 日，經國務院同意，國家發展改革委、財政部、國家稅務總局聯合印發了《海南自由貿易港鼓勵類產業目錄（2020 年本）》。3 月，海關總署發佈《海南自由貿易港自用生產設備「零關稅」政策海關實施辦法（試行）》。6 月 10 日，十三屆全國人大常委會第二十九次會議通過《中華人民共和國海南自由貿易港法》，自公佈之日起施行。

　　四是強化創新引領，穩定產業鏈供應鏈。加強國家實驗室建設，推進重大科技項目實施。改革完善中央財政科

研經費管理，提高間接費用比例，擴大科研自主權。延續實施研發費用加計扣除政策，將製造業企業研發費用加計扣除比例提高到 100％。強化知識產權保護。開展重點產業強鏈補鏈行動。傳統產業數字化智能化改造加快，新興產業保持良好發展勢頭。

五是推動城鄉區域協調發展，不斷優化經濟佈局。落實區域重大戰略和區域協調發展戰略，出台新的支持舉

2021年
政府主要做的工作

一	二	三	四
保持宏觀政策連續性針對性，推動經濟運行保持在合理區間	優化和落實助企紓困政策，鞏固經濟恢復基礎	深化改革擴大開放，持續改善營商環境	強化創新引領，穩定產業鏈供應鏈

五	六	七	八
推動城鄉區域協調發展，不斷優化經濟佈局	加強生態環境保護，促進可持續發展	著力保障和改善民生，加快發展社會事業	推進法治政府建設和治理創新，保持社會和諧穩定

160 個國家鄉村振興重點幫扶縣名單

省份	數量	國家鄉村振興重點幫扶縣名單
內蒙古	10	巴林左旗、庫倫旗、鄂倫春自治旗、化德縣、商都縣、四子王旗、科爾沁右翼前旗、科爾沁右翼中旗、扎賚特旗、正鑲白旗
廣西	20	馬山縣、融水苗族自治縣、三江侗族自治縣、德保縣、那坡縣、凌雲縣、樂業縣、田林縣、隆林各族自治縣、靖西市、昭平縣、鳳山縣、東蘭縣、羅城仫佬族自治縣、環江毛南族自治縣、巴馬瑤族自治縣、都安瑤族自治縣、大化瑤族自治縣、忻城縣、天等縣
重慶	4	城口縣、巫溪縣、酉陽土家族苗族自治縣、彭水苗族土家族自治縣
四川	25	金川縣、黑水縣、壤塘縣、阿壩縣、若爾蓋縣、紅原縣、道孚縣、爐霍縣、甘孜縣、新龍縣、德格縣、白玉縣、石渠縣、色達縣、理塘縣、鹽源縣、普格縣、布拖縣、金陽縣、昭覺縣、喜德縣、越西縣、甘洛縣、美姑縣、雷波縣
貴州	20	水城區、正安縣、務川仡佬族苗族自治縣、關嶺布依族苗族自治縣、紫雲苗族布依族自治縣、織金縣、納雍縣、威寧彝族回族苗族自治縣、赫章縣、沿河土家族自治縣、松桃苗族自治縣、晴隆縣、望謨縣、冊亨縣、錦屏縣、劍河縣、榕江縣、從江縣、羅甸縣、三都水族自治縣
雲南	27	東川區、會澤縣、宣威市、昭陽區、魯甸縣、巧家縣、鹽津縣、大關縣、永善縣、鎮雄縣、彝良縣、寧蒗彝族自治縣、瀾滄拉祜族自治縣、武定縣、元陽縣、紅河縣、金平苗族瑤族傣族自治縣、綠春縣、馬關縣、廣南縣、瀘水市、福貢縣、貢山獨龍族怒族自治縣、蘭坪白族普米族自治縣、香格里拉市、德欽縣、維西傈僳族自治縣
陝西	11	略陽縣、鎮巴縣、漢濱區、紫陽縣、嵐皋縣、白河縣、丹鳳縣、商南縣、山陽縣、鎮安縣、柞水縣
甘肅	23	靖遠縣、會寧縣、麥積區、秦安縣、張家川回族自治縣、古浪縣、莊浪縣、靜寧縣、環縣、鎮原縣、通渭縣、渭源縣、岷縣、武都區、文縣、宕昌縣、西和縣、禮縣、永靖縣、東鄉族自治縣、積石山保安族東鄉族撒拉族自治縣、臨潭縣、舟曲縣
青海	15	同仁市、尖扎縣、澤庫縣、共和縣、瑪沁縣、班瑪縣、甘德縣、達日縣、瑪多縣、玉樹市、雜多縣、稱多縣、治多縣、囊謙縣、曲麻萊縣
寧夏	5	紅寺堡區、同心縣、原州區、西吉縣、海原縣

措，實施一批重大項目。推進以縣城為重要載體的城鎮化建設。加強農業生產，保障農資供應，對種糧農民一次性發放 200 億元補貼。推動鄉村振興，確定 160 個國家鄉村振興重點幫扶縣。實施農村人居環境整治提升五年行動。

六是加強生態環境保護，促進可持續發展。鞏固藍天、碧水、淨土保衛戰成果。推動化肥農藥減量增效和畜禽養殖廢棄物資源化利用。持續推進生態保護修復重大工程，全面實施長江十年禁漁。可再生能源發電裝機規模突破 10 億千瓦。出台碳達峰行動方案。啟動全國碳排放權交易市場。積極應對氣候變化。

七是著力保障和改善民生，加快發展社會事業。加大農村義務教育薄弱環節建設力度，提高學生營養改善計劃補助標準，3700 多萬學生受益。減輕義務教育階段學生作業負擔和校外培訓負擔。超額完成高職擴招三年行動目標。國家助學貸款每人每年最高額度增加 4000 元，惠及 500 多萬在校生。上調退休人員基本養老金。提高優撫標準。將低保邊緣家庭重病重殘人員納入低保範圍，做好困難群眾幫扶救助。改革疾病預防控制體系。把更多常見病、慢性病等門診費用納入醫保報銷範圍，住院費用跨省直接結算率達到 60%。嚴格藥品疫苗監管。實施三孩生育政策。加強養老服務。加快發展保障性租賃住房。繁榮

〔延伸閱讀〕

2030年前碳達峰行動方案

2021 年 10 月，國務院印發《2030 年前碳達峰行動方案》。強調要堅持「總體部署、分類施策，系統推進、重點突破，雙輪驅動、兩手發力，穩妥有序、安全降碳」的工作原則，強化頂層設計和各方統籌，加強政策的系統性、協同性，更好發揮政府作用，充分發揮市場機制作用，堅持先立後破，以保障國家能源安全和經濟發展為底線，推動能源低碳轉型平穩過渡，穩妥有序、循序漸進推進碳達峰行動，確保安全降碳。並提出了非化石能源消費比重、能源利用效率提升、二氧化碳排放強度降低等主要目標。

〔名詞解釋〕

三孩生育政策

三孩生育政策是中國積極應對人口老齡化而實行的一項生育政策。2021 年 5 月，中共中央政治局召開會議，審議《關於優化生育政策促進人口長期均衡發展的決定》，並指出，為進一步優化生育政策，實施一對夫妻可以生育三個子女政策及配套支持措施。6月，《中共中央國務院關於優化生育政策促進人口長期均衡發展的決定》印發，就優化生育政策，實施一對夫妻可以生育三個子女政策，並取消社會撫養費等制約措施、清理和廢止相關處罰規定，配套實施積極生育支持措施，作出相關規定。7 月，國家醫療保障局辦公室下發關於做好支持三孩政策生育保險工作的通知，提出要確保參保女職工生育三孩的費用納入生育保險待遇支付範圍。8 月，全國人大常委會會議表決通過了關於修改人口與計劃生育法的決定，修改後的人口計生法規定，國家提倡適齡婚育、優生優育，一對夫妻可以生育三個子女。12 月，《國家衛生健康委辦公廳關於完善生育登記制度的指導意見》印發，就精簡登記事項、優化相關服務、強化人口監測三方面進行詳細安排，保障優化生育政策工作，推動提升家庭發展能力，促進人口長期均衡發展。

發展文化事業和文化產業，創新實施文化惠民工程。營造良好網絡生態。積極開展全民健身運動。我國體育健兒在東京奧運會、殘奧會上勇創佳績。經過精心籌備，我們成功舉辦了簡約、安全、精彩的北京冬奧會，也一定能辦好剛剛開幕的冬殘奧會。

八是推進法治政府建設和治理創新，保持社會和諧穩定。提請全國人大常委會審議法律議案 10 件，制定修訂

〔延伸閱讀〕

「互聯網＋督查」

為深入推動黨中央、國務院重大決策部署和政策措施貫徹落實，按照國務院關於實施「互聯網＋督查」的工作部署，國務院辦公廳從 2019 年 4 月 22 日起設立國務院「互聯網＋督查」平台，開通國務院「互聯網＋督查」小程序，圍繞中央經濟工作會議部署和政府工作報告提出的目標任務，面向社會徵集四個方面問題線索或意見建議：一是黨中央、國務院有關重大決策部署和政策措施不落實或落實不到位的問題線索；二是政府及其有關部門、單位不作為慢作為亂作為的問題線索；三是因政策措施不協調不配套不完善給市場主體和人民群眾帶來困擾的問題線索；四是改進政府工作的意見建議。

「互聯網＋督查」平台對收到的問題線索和意見建議進行匯總整理，督促有關地方、部門處理。對企業和群眾反映強烈、帶有普遍性的重要問題線索，由國務院辦公廳督查室直接派員進行督查。經查證屬實、較為典型的問題，予以公開曝光、嚴肅處理。2021 年 4 月，平台在開通兩週年之際，全新改版，新增人民群眾反映問題通道、市場主體反映問題通道、基層政府反映問題通道。

行政法規 15 部。認真辦理人大代表建議和政協委員提案。出台法治政府建設實施綱要。發揮審計監督作用。繼續開展國務院大督查，深入實施「互聯網＋督查」。創新城鄉基層治理。扎實做好信訪工作，化解信訪積案。強化安全生產和應急管理。加強國家安全保障能力建設。完善社會治安防控體系，常態化開展掃黑除惡鬥爭，集中打擊治理電信網絡詐騙等犯罪。去年一些地區發生嚴重洪澇等災害；各方面積極開展防災救災和災後重建，努力保障人民群眾生命財產安全。

李克強在河南考察並主持召開災後恢復重建專題會議

貫徹落實黨中央全面從嚴治黨戰略部署。開展黨史學習教育。加強黨風廉政建設和反腐敗鬥爭。嚴格落實中央八項規定精神，持之以恆糾治「四風」，進一步為基層減負。

中國特色大國外交全面推進。習近平主席等黨和國家領導人通過視頻方式出席聯合國大會、二十國集團領導人峰會、亞太經合組織領導人非正式會議、金磚國家領導人會晤、中國─東盟建立對話關係 30 週年紀念峰會、中非合作論壇部長級會議開幕式、東亞合作領導人系列會議、亞歐首腦會議等重大活動。成功舉辦多場重大主場外交活動。推動構

2021 年中國外交：在博弈較量中勇毅前行

建人類命運共同體，積極發展全球夥伴關係，積極參與全球治理體系改革和建設，推進國際抗疫合作，共同應對全球性問題和挑戰。中國為促進世界和平與發展作出了積極貢獻。

各位代表！

過去一年取得的成績，是以習近平同志為核心的黨中央堅強領導的結果，是習近平新時代中國特色社會主義思想科學指引的結果，是全黨全軍全國各族人民團結奮鬥的結果。我代表國務院，向全國各族人民，向各民主黨派、各人民團體和各界人士，表示誠摯感謝！向香港特別行政區同胞、澳門特別行政區同胞、台灣同胞和海外僑胞，表示誠摯感謝！向關心和支持中國現代化建設的各國政府、國際組織和各國朋友，表示誠摯感謝！

在肯定成績的同時，我們也清醒看到面臨的問題和挑戰。全球疫情仍在持續，世界經濟復甦動力不足，大宗商品價格高位波動，外部環境更趨複雜嚴峻和不確定。我國經濟發展面臨需求收縮、供給衝擊、預期轉弱三重壓力。局部疫情時有發生。消費和投資恢復遲緩，穩出口難度增大，能源原材料供應仍然偏緊，輸入性通脹壓力加大，中小微企業、個體工商戶生產經營困難，穩就業任務更加艱巨。關鍵領域創新支撐能力不強。一些地方財政收

〔名詞解釋〕

需求收縮、供給衝擊、預期轉弱

需求是經濟學術語，在微觀上指買者想要並且能夠購買的某種物品和服務，在宏觀上指一個經濟體中所有買者想要並且能夠購買的所有物品和服務。在一個經濟體中，宏觀需求通常稱為總需求。在整個經濟中，有眾多買者，經濟學把這些買者的需求進行分類，分屬於四個部門：消費、投資、政府購買、淨出口。其中，消費是家庭部門的支出，投資是企業部門的支出加上家庭部門購買新住宅，政府購買是政府部門的支出，淨出口是國外部門對中國的淨購買，等於中國的出口減去進口。由此得出：總需求 = 消費 + 投資 + 政府購買 + 淨出口。以上四項一起構成整個經濟社會的全部需求，對應著用支出法核算的國內生產總值。

所謂需求收縮，就是指這四項中的某些項減少，主要是消費、投資和出口三大需求減少。政府購買的支出屬於可以主動調節的變量，而上述三大需求則是社會經濟發展的客觀現實，從宏觀政策主體的角度，主要考慮其所面臨的客觀環境變化。

供給衝擊是宏觀經濟學專業術語。供給對應生產者，供給衝擊指重要的能源或原材料價格飆升，導致生產成本過高，總供給曲線左移，均衡價格水平上升，均衡產出減少，這種生產萎縮伴隨物價上漲的經濟現象稱為「滯脹」。2022 年要特別關注原材料、勞動力、供應鏈三類供給衝擊。

在原材料特別是初級產品供給衝擊方面，短期供給衝擊會在較短時間內恢復正常，一般不會對一國經濟乃至全球經濟造成嚴重影響，要高度重視的是有可能引起長期化的供給衝擊。中國作為全球最大的製造業國家，也是人口大國，產生了對能源、原材料的巨大需求，同時也導致中國多種大宗商品對外依存度過高。

在勞動力缺失供給衝擊方面，中國正面臨勞動力供給衝擊的挑戰，一方面，中國人口結構變化導致勞動力人群的增長速度減緩。另一方面，中國勞動參與率也在緩慢下降，需高度重視。

在供應鏈短板供給衝擊方面，在中國加入 WTO 之後的 20 年裏，中國逐漸融入國際分工體系，主要承擔了中下游的加工生產環節，因此對中上游的高端零部件和原料等中間產品有較高依存度。如果在全球供應鏈中的關鍵商品經常性出現供給衝擊，會對中國相關行業乃至整體經濟產生很大的影響，需高度重視。

預期是指對未來的看法，預期轉弱是指對 2022 年經濟增長態勢持不樂觀的判斷。當前新冠病毒不斷變異，在德爾塔毒株之後又出現傳染率非常高的奧密克戎新毒株，繼續威脅著人類生命，疫情加大了需求收縮的幅度。

支矛盾加大，經濟金融領域風險隱患較多。民生領域還有不少短板。政府工作存在不足，形式主義、官僚主義仍然突出，脫離實際、違背群眾意願現象屢有發生，有的在政策執行中採取「一刀切」、運動式做法。少數幹部不擔當、不作為、亂作為，有的漠視嚴重侵害群眾權益問題、工作嚴重失職失責。一些領域腐敗問題依然多發。我們要增強憂患意識，直面問題挑戰，全力以赴做好工作，決不辜負人民期待！

二、2022 年經濟社會發展總體要求和政策取向

今年將召開中國共產黨第二十次全國代表大會，是黨和國家事業發展進程中十分重要的一年。做好政府工作，要在以習近平同志為核心的黨中央堅強領導下，以習近平新時代中國特色社會主義思想為指導，全面貫徹落實黨的十九大和十九屆歷次全會精神，弘揚偉大建黨精神，堅持穩中求進工作總基調，完整、準確、全面貫徹新發展理念，加快構建新發展格局，全面深化改革開放，堅持創新驅動發展，推動高質量發展，堅持以供給側結構性改革為主線，統籌疫情防控和經濟社會發展，統籌發展和

安全，繼續做好「六穩」、「六保」工作，持續改善民生，著力穩定宏觀經濟大盤，保持經濟運行在合理區間，保持社會大局穩定，迎接黨的二十大勝利召開。

綜合研判國內外形勢，今年我國發展面臨的風險挑戰明顯增多，必須爬坡過坎。越是困難越要堅定信心、越要真抓實幹。我國經濟長期向好的基本面不會改變，持續發展具有多方面有利條件，特別是億萬人民有追求美好生活的強烈願望、創業創新的巨大潛能、共克時艱的堅定意志，我們還積累了應對重大風險挑戰的豐富經驗。中國經濟一定能頂住新的下行壓力，必將行穩致遠。

今年發展主要預期目標是：國內生產總值增長 5.5％左右；城鎮新增就業 1100 萬人以上，城鎮調查失業率全年控制在 5.5％以內；居民消費價格漲幅 3％左右；居民收入增長與經濟增長基本同步；進出口保穩提質，國際收支基本平衡；糧食產量保持在 1.3 萬億斤以上；生態環境質量持續改善，主要污染物排放量繼續下降；能耗強度目標在「十四五」規劃期內統籌考核，並留有適當彈性，新增可再生能源和原料用能不納入能源消費總量控制。

經濟增速預期目標的設定，主要考慮穩就業保民生防風險的需要，並同近兩年平均經濟增速以及「十四五」規劃目標要求相銜接。這是高基數上的中高速增長，體現了

<<<<< **2022年發展主要預期目標** >>>>>

國內生產總值 　增長 **5.5%** 左右

城鎮新增就業 　**1100** 萬人以上
城鎮調查失業率 　全年控制在 **5.5%** 以內

居民消費價格 　漲幅 **3%** 左右

居民收入 　增長與經濟增長基本同步

進出口保穩提質 　國際收支基本平衡

糧食產量 　保持在 **1.3** 萬億斤以上

生態環境質量持續改善
主要污染物排放量繼續下降

能耗強度目標在「十四五」規劃期內統籌考核，
並留有適當彈性，新增可再生能源和原料用能
不納入能源消費總量控制

主動作為，需要付出艱苦努力才能實現。

　　完成今年發展目標任務，宏觀政策要穩健有效，微觀政策要持續激發市場主體活力，結構政策要著力暢通國民經濟循環，科技政策要扎實落地，改革開放政策要激活發展動力，區域政策要增強發展的平衡性協調性，社會政策要兜住兜牢民生底線。各方面要圍繞貫徹這些重大政策和要求，細化實化具體舉措，形成推動發展的合力。

　　要保持宏觀政策連續性，增強有效性。積極的財政政策要提升效能，更加注重精準、可持續。穩健的貨幣政策要靈活適度，保持流動性合理充裕。就業優先政策要提質加力。政策發力適當靠前，及時動用儲備政策工具，確保經濟平穩運行。

　　繼續做好常態化疫情防控。堅持外防輸入、內防反彈，不斷優化完善防控措施，加強口岸城市疫情防控，加大對病毒變異的研究和防範力度，加快新型疫苗和特效藥物研發，持續做好疫苗接種工作，更好發揮中醫藥獨特作用，科學精準處置局部疫情，保持正常生產生活秩序。

　　今年工作要堅持穩字當頭、穩中求進。面對新的下行壓力，要把穩增長放在更加突出的位置。各地區各部門要切實擔負起穩定經濟的責任，積極推出有利於經濟穩定的政策。要統籌穩增長、調結構、推改革，加快轉變發展方

〔延伸閱讀〕

穩字當頭、穩中求進

中國共產黨的十八大以來，習近平總書記多次提及或論述「穩中求進」。歷次中央經濟工作會議都強調「穩中求進工作總基調」。習近平總書記強調：穩中求進工作總基調是治國理政的重要原則，也是做好經濟工作的方法論。穩是主基調，穩是大局，「穩」的重點要放在穩住經濟運行上，「進」的重點要放在調整經濟結構和深化改革開放上。「穩」和「進」要相互促進，在穩的前提下要在關鍵領域有所進取，在把握好度的前提下奮發有為。經濟社會平穩，才能為調整經濟結構和深化改革開放創造穩定的宏觀環境；調整經濟結構和深化改革開放取得實質性進展，才能為經濟社會平穩運行創造良好預期。

式，不搞粗放型發展。堅持實事求是，立足社會主義初級階段基本國情，著力辦好自己的事，尊重發展規律、客觀實際和群眾需求，因地制宜創造性開展工作，把各方面幹事創業積極性充分調動起來。推動有效市場和有為政府更好結合，善於運用改革創新辦法，激發市場活力和社會創造力。要堅持以人民為中心的發展思想，依靠共同奮鬥，扎實推進共同富裕，不斷實現人民對美好生活的嚮往。

三、2022 年政府工作任務

今年經濟社會發展任務重、挑戰多。要按照以習近平同志為核心的黨中央部署要求,完整、準確、全面貫徹新發展理念,加快構建新發展格局,推動高質量發展,扎實做好各項工作。

（一）**著力穩定宏觀經濟大盤,保持經濟運行在合理區間。**繼續做好「六穩」、「六保」工作。宏觀政策有空間有手段,要強化跨週期和逆週期調節,為經濟平穩運行提供有力支撐。

提升積極的財政政策效能。今年赤字率擬按 2.8％左右安排、比去年有所下調,有利於增強財政可持續性。預計今年財政收入繼續增長,加之特定國有金融機構和專營機構依法上繳近年結存的利潤、調入預算穩定調節基金等,支出規模比去年擴大 2 萬億元以上,可用財力明顯增加。新增財力要下沉基層,主要用於落實助企紓困、穩就業保民生政策,促進消費、擴大需求。今年安排中央本級支出增長 3.9％,其中中央部門支出繼續負增長。中央對地方轉移支付增加約 1.5 萬億元、規模近 9.8 萬億元,增長 18％、為多年來最大增幅。中央財政將更多資金納入

直達範圍，省級財政也要加大對市縣的支持，務必使基層落實惠企利民政策更有能力、更有動力。

要用好政府投資資金，帶動擴大有效投資。今年擬安排地方政府專項債券 3.65 萬億元。強化績效導向，堅持「資金、要素跟著項目走」，合理擴大使用範圍，支持在建項目後續融資，開工一批具備條件的重大工程、新型基礎設施、老舊公用設施改造等建設項目。民間投資在投資中佔大頭，要發揮重大項目牽引和政府投資撬動作用，完善相關支持政策，充分調動民間投資積極性。

要堅持政府過緊日子，更好節用裕民。大力優化支出結構，保障重點支出，嚴控一般性支出。盤活財政存量資金和閒置資產。各級政府必須艱苦奮鬥、勤儉節約，中央政府和省級政府要帶頭。加強收支管理，嚴禁鋪張浪費，不得違規新建樓堂館所，不得搞形象工程，對違反財經紀律、肆意揮霍公款的要嚴查重處，一定要把寶貴資金用在發展緊要處、民生急需上。

加大穩健的貨幣政策實施力度。發揮貨幣政策工具的總量和結構雙重功能，為實體經濟提供更有力支持。擴大新增貸款規模，保持貨幣供應量和社會融資規模增速與名義經濟增速基本匹配，保持宏觀槓桿率基本穩定。保持人民幣匯率在合理均衡水平上的基本穩定。進一步疏通貨

2022年政府工作任務

01 著力穩定宏觀經濟大盤，保持經濟運行在合理區間

- 提升積極的財政政策效能
- 要用好政府投資資金，帶動擴大有效投資
- 要堅持政府過緊日子，更好節用裕民
- 加大穩健的貨幣政策實施力度
- 強化就業優先政策
- 確保糧食能源安全
- 防範化解重大風險

著力穩市場主體保就業，加大宏觀政策實施力度 02

- 實施新的組合式稅費支持政策
- 加強金融對實體經濟的有效支持
- 推動降低企業生產經營成本
- 落實落細穩就業舉措

03 堅定不移深化改革，更大激發市場活力和發展內生動力

- 加快轉變政府職能
- 促進多種所有制經濟共同發展
- 推進財稅金融體制改革

深入實施創新驅動發展戰略，鞏固壯大實體經濟根基 04

- 提升科技創新能力
- 加大企業創新激勵力度
- 增強製造業核心競爭力
- 促進數字經濟發展

05 堅定實施擴大內需戰略，推進區域協調發展和新型城鎮化

- 推動消費持續恢復
- 積極擴大有效投資
- 增強區域發展平衡性協調性
- 提升新型城鎮化質量

06 大力抓好農業生產，促進鄉村全面振興

- 加強糧食等重要農產品穩產保供
- 全面鞏固拓展脫貧攻堅成果
- 扎實穩妥推進農村改革發展

07 擴大高水平對外開放，推動外貿外資平穩發展

- 多措並舉穩定外貿
- 積極利用外資
- 高質量共建「一帶一路」
- 深化多雙邊經貿合作

08 持續改善生態環境，推動綠色低碳發展

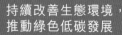

- 加強生態環境綜合治理
- 有序推進碳達峰碳中和工作

09 切實保障和改善民生，加強和創新社會治理

- 促進教育公平與質量提升
- 提高醫療衛生服務能力
- 加強社會保障和服務
- 繼續保障好群眾住房需求
- 豐富人民群眾精神文化生活
- 推進社會治理共建共治共享

幣政策傳導機制，引導資金更多流向重點領域和薄弱環節，擴大普惠金融覆蓋面。推動金融機構降低實際貸款利率、減少收費，讓廣大市場主體切身感受到融資便利度提升、綜合融資成本實實在在下降。

強化就業優先政策。大力拓寬就業渠道，注重通過穩市場主體來穩就業，增強創業帶動就業作用。財稅、金融等政策都要圍繞就業優先實施，加大對企業穩崗擴崗的支持力度。各類專項促就業政策要強化優化，對就業創業的不合理限制要堅決清理取消。各地都要千方百計穩定和擴大就業。

確保糧食能源安全。保障糧食等重要農產品供應，繼續做好能源、重要原材料保供穩價工作，保障民生和企業正常生產經營用電。實施全面節約戰略。增強國內資源生產保障能力，加快油氣、礦產等資源勘探開發，完善國家戰略物資儲備制度，保障初級產品供給。打擊哄抬物價等行為。保持物價水平基本穩定。

防範化解重大風險。繼續按照穩定大局、統籌協調、分類施策、精準拆彈的基本方針，做好經濟金融領域風險防範和處置工作。壓實地方屬地責任、部門監管責任和企業主體責任，加強風險預警、防控機制和能力建設，設立金融穩定保障基金，發揮存款保險制度和行業保障基金的

2022 年實施新的組合式稅費支持政策

一方面，延續實施扶持製造業、小微企業和個體工商戶的減稅降費政策，並提高減免幅度、擴大適用範圍

對小規模納稅人階段性免徵增值稅

對小微企業年應納稅所得額100萬元至300萬元部分，再減半徵收企業所得稅

各地也要結合實際，依法出台稅費減免等有力措施，使減稅降費力度只增不減，以穩定市場預期

另一方面，綜合考慮為企業提供現金流支持、促進就業消費投資，大力改進因增值稅稅制設計類似於先繳後退的留抵退稅制度，今年對留抵稅額提前實行大規模退稅

優先安排小微企業，對小微企業的存量留抵稅額於6月底前一次性全部退還，增量留抵稅額足額退還

重點支持製造業，全面解決製造業、科研和技術服務、生態環保、電力燃氣、交通運輸等行業留抵退稅問題

增值稅留抵退稅力度顯著加大，以有力提振市場信心。預計全年退稅減稅約2.5萬億元，其中留抵退稅約1.5萬億元，退稅資金全部直達企業

中央財政將加大對地方財力支持，補助資金直達市縣，地方政府及有關部門要建立健全工作機制，加強資金調度，確保退稅減稅這項關鍵性舉措落實到位，為企業雪中送炭，助企業煥發生機

作用，運用市場化、法治化方式化解風險隱患，有效應對外部衝擊，牢牢守住不發生系統性風險的底線。

（二）著力穩市場主體保就業，加大宏觀政策實施力度。完善減負紓困等政策，夯實經濟穩定運行、質量提升的基礎。

實施新的組合式稅費支持政策。堅持階段性措施和制度性安排相結合，減稅與退稅並舉。一方面，延續實施扶持製造業、小微企業和個體工商戶的減稅降費政策，並提高減免幅度、擴大適用範圍。對小規模納稅人階段性免徵增值稅。對小微企業年應納稅所得額 100 萬元至 300 萬元部分，再減半徵收企業所得稅。各地也要結合實際，依法出台稅費減免等有力措施，使減稅降費力度只增不減，以穩定市場預期。另一方面，綜合考慮為企業提供現金流支持、促進就業消費投資，大力改進因增值稅稅制設計類似

〔名詞解釋〕

增值稅留抵退稅

增值稅留抵退稅是國家落實減稅降費的具體舉措，通過對企業尚未抵扣的當期增值稅留抵稅額予以提前退稅，以緩解市場主體資金壓力，增加企業現金流。中國的增值稅實行購進扣稅制度，允許納稅人從銷項稅額中抵扣購進環節支付的進項稅額。在納稅人日常經營中，購進貨物、應稅勞務、應稅服務、無形資產或者不動產，在用於可抵扣項目時可以憑藉取得的增值稅扣稅憑證抵扣進項稅額，在銷售貨物、服務、無形資產或不動產時確認銷項稅額，銷項稅額減去進項稅額後的餘額就是當期的應納稅額。如果銷項稅額大於進項稅額，則應納稅額大於零，需要繳納稅款。如果銷項稅額小於進項稅額，則應納稅額小於零，無須實際繳納稅款，這樣就會產生留抵稅額。所謂的增值稅留抵稅額，就是納稅人前期進項稅額大於銷項稅額後兩者的差額。這部分留抵稅額可以留待下期抵扣。

於先繳後退的留抵退稅制度，今年對留抵稅額提前實行大規模退稅。優先安排小微企業，對小微企業的存量留抵稅額於 6 月底前一次性全部退還，增量留抵稅額足額退還。重點支持製造業，全面解決製造業、科研和技術服務、生態環保、電力燃氣、交通運輸等行業留抵退稅問題。增值稅留抵退稅力度顯著加大，以有力提振市場信心。預計全年退稅減稅約 2.5 萬億元，其中留抵退稅約 1.5 萬億元，退稅資金全部直達企業。中央財政將加大對地方財力支持，補助資金直達市縣，地方政府及有關部門要建立健全工作機制，加強資金調度，確保退稅減稅這項關鍵性舉措落實到位，為企業雪中送炭，助企業煥發生機。

加強金融對實體經濟的有效支持。用好普惠小微貸款支持工具，增加支農支小再貸款，優化監管考核，推動普惠小微貸款明顯增長、信用貸款和首貸戶比重繼續提升。引導金融機構準確把握信貸政策，繼續對受疫情影響嚴重的行業企業給予融資支持，避免出現行業性限貸、抽貸、斷貸。發揮好政策性、開發性金融作用。推進涉企信用信息整合共享，加快稅務、海關、電力等單位與金融機構信息聯通，擴大政府性融資擔保對小微企業的覆蓋面，努力營造良好融資生態，進一步推動解決實體經濟特別是中小微企業融資難題。

　　推動降低企業生產經營成本。清理轉供電環節不合理加價，支持地方對特殊困難行業用電實行階段性優惠政策。引導大型平台企業降低收費，減輕中小商戶負擔。進一步清理規範行業協會商會、中介機構等收費。要開展涉企違規收費專項整治行動，建立協同治理和聯合懲戒機制，堅決查處亂收費、亂罰款、亂攤派。要加大拖欠中

落實落細穩就業舉措

- 延續執行降低失業和工傷保險費率等階段性穩就業政策
- 對不裁員少裁員的企業，繼續實施失業保險穩崗返還政策，明顯提高中小微企業返還比例

- 今年高校畢業生超過1000萬人，要加強就業創業指導、政策支持和不斷線服務
- 做好退役軍人安置和就業保障，促進農民工就業，幫扶殘疾人、零就業家庭成員就業

- 深入開展大眾創業萬眾創新，增強雙創平台服務能力
- 加強靈活就業服務，完善靈活就業社會保障政策，開展新就業形態職業傷害保障試點

- 堅決防止和糾正性別、年齡、學歷等就業歧視，大力營造公平就業環境
- 加強勞動保障監察執法，著力解決侵害勞動者合法權益的突出問題

- 增強公共就業服務針對性
- 繼續開展大規模職業技能培訓，共建共享一批公共實訓基地

- 使用1000億元失業保險基金支持穩崗和培訓，加快培養製造業高質量發展的急需人才，讓更多勞動者掌握一技之長、讓三百六十行行行人才輩出

小企業賬款清理力度，規範商業承兌匯票使用，機關、事業單位和國有企業要帶頭清欠。餐飲、住宿、零售、文化、旅遊、客運等行業就業容量大、受疫情影響重，各項幫扶政策都要予以傾斜，支持這些行業企業挺得住、過難關、有奔頭。

落實落細穩就業舉措。延續執行降低失業和工傷保險費率等階段性穩就業政策。對不裁員少裁員的企業，繼續實施失業保險穩崗返還政策，明顯提高中小微企業返還比例。今年高校畢業生超過 1000 萬人，要加強就業創業指導、政策支持和不斷線服務。做好退役軍人安置和就業保障，促進農民工就業，幫扶殘疾人、零就業家庭成員就業。深入開展大眾創業萬眾創新，增強雙創平台服務能力。加強靈活就業服務，完善靈活就業社會保障政策，開展新就業形態職業傷害保障試點。堅決防止和糾正性別、年齡、學歷等就業歧視，大力營造公平就業環境。加強勞動保障監察執法，著力解決侵害勞動者合法權益的突出問題。增強公共就業服務針對性。繼續開展大規模職業技能培訓，共建共享一批公共實訓基地。使用 1000 億元失業保險基金支持穩崗和培訓，加快培養製造業高質量發展的急需人才，讓更多勞動者掌握一技之長、讓三百六十行行行人才輩出。

（三）堅定不移深化改革，更大激發市場活力和發展內生動力。處理好政府和市場的關係，使市場在資源配置中起決定性作用，更好發揮政府作用，構建高水平社會主義市場經濟體制。

加快轉變政府職能。加強高標準市場體系建設，抓好要素市場化配置綜合改革試點，加快建設全國統一大市場。圍繞打造市場化法治化國際化營商環境，持續推進「放管服」改革，對取消和下放審批事項要同步落實監管責任和措施。繼續擴大市場准入。全面實行行政許可事

〔名詞解釋〕

數字政府

數字政府是指在現代計算機、網絡通信等技術支撐下，政府機構日常辦公、信息收集與發佈、公共管理等事務在數字化、網絡化的環境下進行的國家行政管理形式。這種運行方式包含多方面的內容，如政府辦公自動化、政府實時信息發佈、各級政府間的可視遠程會議、公民隨機網上查詢政府信息、電子化民意調查和社會經濟統計、電子選舉等。隨著互聯網、大數據、雲計算、人工智能、區塊鏈、量子科技等新一代信息技術的成熟與推廣，政府運行遵循「業務數據化，數據業務化」的新型模式，以新一代信息技術為支撐，重塑政務信息化管理架構、業務架構、技術架構，通過構建大數據驅動的政務新機制、新平台、新渠道，進一步優化調整政府內部的組織架構、運作程序和管理服務，全面提升政府在經濟調節、市場監管、社會治理、公共服務、環境保護等領域的履職能力，形成「用數據對話、用數據決策、用數據服務、用數據創新」的現代化治理模式。

項清單管理。加強數字政府建設，推動政務數據共享，進一步壓減各類證明事項，擴大「跨省通辦」範圍，基本實現電子證照互通互認，便利企業跨區域經營，加快解決群眾關切事項的異地辦理問題。推進政務服務事項集成化辦理，推出優化不動產登記、車輛檢測等便民舉措。強化政府監管責任，嚴格落實行業主管部門、相關部門監管責任和地方政府屬地監管責任，防止監管缺位。加快建立健全全方位、多層次、立體化監管體系，實現事前事中事後全鏈條全領域監管，提高監管效能。抓緊完善重點領域、新興領域、涉外領域監管規則，創新監管方法，提升監管精準性和有效性。深入推進公平競爭政策實施，加強反壟斷和反不正當競爭，維護公平有序的市場環境。

促進多種所有制經濟共同發展。堅持和完善社會主義基本經濟制度，堅持「兩個毫不動搖」。要正確認識和把握資本的特性和行為規律，支持和引導資本規範健康發展。依法平等保護企業產權、自主經營權和企業家合法權益，營造各類所有制企業競相發展的良好環境。完成國企改革三年行動任務，加快國有經濟佈局優化和結構調整，深化混合所有制改革，加強國有資產監管，促進國企聚焦主責主業、提升產業鏈供應鏈支撐和帶動能力。落實支持民營經濟發展的政策措施，鼓勵引導民營企業改革創

〔延伸閱讀〕

企業家精神

企業家精神是促進經濟社會發展的一個重要動力，市場主體要高質量發展必須具備企業家精神。2020 年 7 月 21 日，習近平總書記在企業家座談會上指出，企業家要帶領企業戰勝當前的困難，走向更輝煌的未來，就要在愛國、創新、誠信、社會責任和國際視野等方面不斷提升自己，努力成為新時代構建新發展格局、建設現代化經濟體系、推動高質量發展的生力軍。並對企業家提出了五點希望：一是增強愛國情懷，二是勇於創新，三是誠信守法，四是承擔社會責任，五是拓展國際視野。

新，構建親清政商關係。弘揚企業家精神，制定涉企政策要多聽市場主體意見，尊重市場規律，支持企業家專注創業創新、安心經營發展。

推進財稅金融體制改革。深化預算績效管理改革，增強預算的約束力和透明度。推進省以下財政體制改革。完善稅收徵管制度，依法打擊偷稅騙稅。加強和改進金融監管。深化中小銀行股權結構和公司治理改革，加快不良資產處置。完善民營企業債券融資支持機制，全面實行股票發行註冊制，促進資本市場平穩健康發展。

（四）深入實施創新驅動發展戰略，鞏固壯大實體經濟根基。推進科技創新，促進產業優化升級，突破供給約束堵點，依靠創新提高發展質量。

　　提升科技創新能力。實施基礎研究十年規劃，加強長期穩定支持，提高基礎研究經費佔全社會研發經費比重。實施科技體制改革三年攻堅方案，強化國家戰略科技力量，加強國家實驗室和全國重點實驗室建設，發揮好高校和科研院所作用，改進重大科技項目立項和管理方式，深化科技評價激勵制度改革。支持各地加大科技投入，開展各具特色的區域創新。加強科普工作。推進國際科技合作。加快建設世界重要人才中心和創新高地，完善人才發展體制機制，弘揚科學家精神，加大對青年科研人員支持力度，讓各類人才潛心鑽研、盡展其能。

　　加大企業創新激勵力度。強化企業創新主體地位，持續推進關鍵核心技術攻關，深化產學研用結合，促進科技成果轉移轉化。加強知識產權保護和運用。促進創業投資發展，創新科技金融產品和服務，提升科技中介服務專業化水平。加大研發費用加計扣除政策實施力度，將科技型中小企業加計扣除比例從 75% 提高到 100%，對企業投入基礎研究實行稅收優惠，完善設備器具加速折舊、高新技術企業所得稅優惠等政策，這相當於國家對企業創新給予大規模資金支持。要落實好各類創新激勵政策，以促進企業加大研發投入，培育壯大新動能。

　　增強製造業核心競爭力。促進工業經濟平穩運行，加

〔名詞解釋〕

戰略性新興產業集群

戰略性新興產業集群是指能夠在未來成為主導產業或是支柱產業的新興產業集群。從類型上看，戰略性新興產業集群既包含同一產業鏈環節的新興企業及其配套集合（即橫向集群），也包含產業鏈上下游的新興企業及其配套集合（即縱向集群）。相對於傳統製造業集群，戰略性新興產業集群除了地理臨近性特徵外，還具有顯著的創新驅動性、知識溢出性、產業放大性和技術發展不確定性特徵。從實質上看，戰略性新興產業集群不是單純的創業企業家個體之間的社會關係網絡，不是單純的科研機構之間的技術網絡，也不是單純的產業內部的企業間關係，而是一種涵蓋了戰略性技術研發、新興技術產業化、新興產業網絡化整個過程的具有知識傳播、動態循環和創新擴散的組織間關係網絡。

「專精特新」企業

「專精特新」企業是指具有「專業化、精細化、特色化、新穎化」特徵的企業。

「專」，即專業化。是指採用專項技術或工藝通過專業化生產製造的專用性強、專業特點明顯、市場專業性強的產品，其主要特徵是產品用途的專門性、生產工藝的專業性、技術的專有性和產品在細分市場中具有專業化發展優勢。

「精」，即精細化。是指採用先進適用技術或工藝，按照精益求精的理念，建立精細高效的管理制度和流程，通過精細化管理，精心設計生產的精良產品，其主要特徵是產品的精緻性、工藝技術的精深性和企業的精細化管理。

「特」，即特色化。是指採用獨特的工藝、技術、配方或特殊原料研製生產的，具有地域特點或具有特殊功能的產品，其主要特徵是產品或服務的特色化。

「新」，即新穎化。是指依靠自主創新、轉化科技成果、聯合創新或引進消化吸收再創新方式研製生產的，具有自主知識產權的高新技術產品，其主要特徵是產品（技術）的創新性、先進性，具有較高的技術含量、較高的附加值和顯著的經濟、社會效益。

強原材料、關鍵零部件等供給保障，實施龍頭企業保鏈穩鏈工程，維護產業鏈供應鏈安全穩定。引導金融機構增加製造業中長期貸款。啟動一批產業基礎再造工程項目，促進傳統產業升級，大力推進智能製造，加快發展先進製造業集群，實施國家戰略性新興產業集群工程。著力培育「專精特新」企業，在資金、人才、孵化平台搭建等方面給予大力支持。推進質量強國建設，推動產業向中高端邁進。

促進數字經濟發展。加強數字中國建設整體佈局。建設數字信息基礎設施，逐步構建全國一體化大數據中心體系，推進 5G 規模化應用，促進產業數字化轉型，發展智慧城市、數字鄉村。加快發展工業互聯網，培育壯大集成電路、人工智能等數字產業，提升關鍵軟硬件技術創新和供給能力。完善數字經濟治理，培育數據要素市場，釋放數據要素潛力，提高應用能力，更好賦能經濟發展、豐富人民生活。

（五）堅定實施擴大內需戰略，推進區域協調發展和新型城鎮化。暢通國民經濟循環，打通生產、分配、流通、消費各環節，增強內需對經濟增長的拉動力。

推動消費持續恢復。多渠道促進居民增收，完善收入分配制度，提升消費能力。推動線上線下消費深度融

合，促進生活服務消費恢復，發展消費新業態新模式。繼續支持新能源汽車消費，鼓勵地方開展綠色智能家電下鄉和以舊換新。加大社區養老、託幼等配套設施建設力度，在規劃、用地、用房等方面給予更多支持。促進家政服務業提質擴容。加強縣域商業體系建設，發展農村電商和快遞物流配送。提高產品和服務質量，強化消費者權益保護，著力適應群眾需求、增強消費意願。

積極擴大有效投資。圍繞國家重大戰略部署和「十四五」規劃，適度超前開展基礎設施投資。建設重點水利工程、綜合立體交通網、重要能源基地和設施，加快城市燃氣管道、給排水管道等管網更新改造，完善防洪排澇設施，繼續推進地下綜合管廊建設。中央預算內投資安排 6400 億元。政府投資更多向民生項目傾斜，加大社會民生領域補短板力度。深化投資審批制度改革，做好用地、用能等要素保障，對國家重大項目要實行能耗單列。要優化投資結構，破解投資難題，切實把投資關鍵作用發揮出來。

韓正出席橫琴粵澳深度合作區管理機構揭牌儀式

增強區域發展平衡性協調性。深入實施區域重大戰略和區域協調發展戰略。推進京津冀協同發展、長江經濟帶發展、粵港澳大灣區建設、長三角一體化發展、黃河流域

生態保護和高質量發展，高標準高質量建設雄安新區，支持北京城市副中心建設。推動西部大開發形成新格局，推動東北振興取得新突破，推動中部地區高質量發展，鼓勵東部地區加快推進現代化，支持產業梯度轉移和區域合作。支持革命老區、民族地區、邊疆地區加快發展。發展海洋經濟，建設海洋強國。經濟大省要充分發揮優勢，增強對全國發展的帶動作用。經濟困難地區要用好國家支持政策，挖掘自身潛力，努力促進經濟恢復發展。

提升新型城鎮化質量。有序推進城市更新，加強市政設施和防災減災能力建設，開展老舊建築和設施安全隱患排查整治，再開工改造一批城鎮老舊小區，支持加裝電梯等設施，推進無障礙環境建設和公共設施適老化改造。健全常住地提供基本公共服務制度。加強縣城基礎設施建設。穩步推進城市群、都市圈建設，促進大中小城市和小城鎮協調發展。推進成渝地區雙城經濟圈建設。嚴控撤縣建市設區。在城鄉規劃建設中做好歷史文化保護傳承，節約集約用地。要深入推進以人為核心的新型城鎮化，不斷提高人民生活質量。

（六）**大力抓好農業生產，促進鄉村全面振興。**完善和強化農業支持政策，接續推進脫貧地區發展，促進農業豐收、農民增收。

　　加強糧食等重要農產品穩產保供。穩定糧食播種面積，優化糧食結構，針對小麥晚播強化夏糧田間管理，促進大豆和油料增產。適當提高稻穀、小麥最低收購價。保障化肥等農資供應和價格穩定，給種糧農民再次發放農資補

栗戰書主持召開黃河保護立法座談會

貼，加大對主產區支持力度，讓農民種糧有合理收益、主產區抓糧有內在動力。堅決守住 18 億畝耕地紅線，劃足劃實永久基本農田，切實遏制耕地「非農化」、防止「非糧化」。加強中低產田改造，新建 1 億畝高標準農田，新建改造一批大中型灌區。加大黑土地保護和鹽鹼地綜合利用力度。支持黃河流域發展節水農業、旱作農業。啟動第三次全國土壤普查。加快推進種業振興，加強農業科技攻

全面鞏固拓展脫貧攻堅成果

完善落實防止返貧監測幫扶機制，確保不發生規模性返貧

支持脫貧地區發展特色產業，加強勞務協作、職業技能培訓，促進脫貧人口持續增收

強化國家鄉村振興重點幫扶縣幫扶措施，做好易地搬遷後續扶持，深化東西部協作、定點幫扶和社會力量幫扶，大力實施「萬企興萬村」行動，增強脫貧地區自我發展能力

關和推廣應用，提高農機裝備水平。提升農業氣象災害防控和動植物疫病防治能力。加強生豬產能調控，抓好畜禽、水產、蔬菜等生產供應，加快發展現代化設施種養業。支持棉花、甘蔗等生產。保障國家糧食安全各地區都有責任，糧食調入地區更要穩定糧食生產。各方面要共同努力，裝滿「米袋子」、充實「菜籃子」，把 14 億多中國人的飯碗牢牢端在自己手中。

全面鞏固拓展脫貧攻堅成果。完善落實防止返貧監測幫扶機制，確保不發生規模性返貧。支持脫貧地區發展特色產業，加強勞務協作、職業技能培訓，促進脫貧人口持續增收。強化國家鄉村振興重點幫扶縣幫扶措施，做好易地搬遷後續扶持，深化東西部協作、定點幫扶和社會力量幫扶，大力實施「萬企興萬村」行動，增強脫貧地區自我發展能力。

扎實穩妥推進農村改革發展。開展好第二輪土地承包到期後再延長 30 年整縣試點。深化供銷社、集體產權、集體林權、國有林區林場、農墾等改革。積極發展新型農村集體經濟。加強農村金融服務，加快發展鄉村產業。壯大縣域經濟。嚴格規範村莊撤併，保護傳統村落和鄉村風貌。啟動鄉村建設行動，強化規劃引領，加強水電路氣信郵等基礎設施建設，因地制宜推進農村改廁和污水垃圾處理。深入開展文明村鎮建設。強化農民工工資拖欠治

理，支持農民工就業創業，一定要讓廣大農民有更多務工增收的渠道。

（七）擴大高水平對外開放，推動外貿外資平穩發展。充分利用兩個市場兩種資源，不斷拓展對外經貿合作，以高水平開放促進深層次改革、推動高質量發展。

多措並舉穩定外貿。擴大出口信用保險對中小微外貿企業的覆蓋面，加強出口信貸支持，優化外匯服務，加快出口退稅進度，幫助外貿企業穩訂單穩生產。加快發展外貿新業態新模式，充分發揮跨境電商作用，支持建設一批海外倉。積極擴大優質產品和服務進口。創新發展服務貿易、數字貿易，推進實施跨境服務貿易負面清單。深化通關便利化改革，加快國際物流體系建設，助力外貿降成本、提效率。

〔名詞解釋〕

海外倉

海外倉是指企業建立在海外的倉儲設施，是出口賣家為提升訂單交付能力而在國外接近買家的地區設立的倉儲物流節點，通常具有境外貨物儲存、流通加工、本地配送以及售後服務等功能。在跨境貿易和跨境電商銷售中，海外倉的作用是國內企業將商品通過國際運輸的方式運往目標市場國家，並在當地通過租賃或者自建形式建立倉庫，用以儲存商品，然後再根據當地的銷售訂單，第一時間作出響應，及時從當地倉庫直接進行分揀、包裝和配送，減少了重複而複雜的清關步驟。

積極利用外資。深入實施外資准入負面清單,落實好外資企業國民待遇。擴大鼓勵外商投資範圍,支持外資加大中高端製造、研發、現代服務等領域和中西部、東北地區投資。優化外資促進服務,推動重大項目加快落地。扎實推進自貿試驗區、海南自由貿易港建設,推動開發區改革創新,提高綜合保稅區發展水平,增設服務業擴大開放綜合試點。開放的中國大市場,必將為各國企業在華發展提供更多機遇。

高質量共建「一帶一路」。堅持共商共建共享,鞏固互聯互通合作基礎,穩步拓展合作新領域。推進西部陸海新通道建設。有序開展對外投資合作,有效防範海外風險。

深化多雙邊經貿合作。區域全面經濟夥伴關係協定形成了全球最大自由貿易區,要支持企業用好優惠關稅、原產地累積等規則,擴大貿易和投資合作。推動與更多國家和地區商簽高標準自貿協定。堅定維護多邊貿易體制,積極參與世貿組織改革。中國願與世界各國加強互利合作,實現共贏多贏。

(八)持續改善生態環境,推動綠色低碳發展。加強污染治理和生態保護修復,處理好發展和減排關係,促進人與自然和諧共生。

加強生態環境綜合治理。深入打好污染防治攻堅戰。

強化大氣多污染物協同控制和區域協同治理，加大重要河湖、海灣污染整治力度，持續推進土壤污染防治。加強固體廢物和新污染物治理，推行垃圾分類和減量化、資源化。完善節能節水、廢舊物資循環利用等環保產業支持政策。加強生態環境分區管控，科學開展國土綠化，統籌山水林田湖草沙系統治理，保護生物多樣性，推進以國家公園為主體的自

有序推進碳達峰碳中和工作

落實碳達峰行動方案

推動能源革命，確保能源供應，立足資源稟賦，堅持先立後破、通盤謀劃，推進能源低碳轉型

加強煤炭清潔高效利用，有序減量替代，推動煤電節能降碳改造、靈活性改造、供熱改造

推進大型風光電基地及其配套調節性電源規劃建設，加強抽水蓄能電站建設，提升電網對可再生能源發電的消納能力

支持生物質能發展

推進綠色低碳技術研發和推廣應用，建設綠色製造和服務體系，推進鋼鐵、有色、石化、化工、建材等行業節能降碳，強化交通和建築節能

堅決遏制高耗能、高排放、低水平項目盲目發展

提升生態系統碳匯能力

推動能耗「雙控」向碳排放總量和強度「雙控」轉變，完善減污降碳激勵約束政策，發展綠色金融，加快形成綠色低碳生產生活方式

然保護地體系建設，要讓我們生活的家園更綠更美。

有序推進碳達峰碳中和工作。落實碳達峰行動方案。推動能源革命，確保能源供應，立足資源稟賦，堅持先立後破、通盤謀劃，推進能源低碳轉型。加強煤炭清潔高效利用，有序減量替代，推動煤電節能降碳改造、靈活性改造、供熱改造。推進大型風光電基地及其配套調節性電源規劃建設，加強抽水蓄能電站建設，提升電網對可再生能源發電的消納能力。支持生物質能發展。推進綠色低碳技術研發和推廣應用，建設綠色製造和服務體系，推進鋼鐵、有色、石化、化工、建材等行業節能降碳，強化交通和建築節能。堅決遏制高耗能、高排放、低水平項目盲目發展。提升生態系統碳匯能力。推動能耗「雙控」向碳排放總量和強度「雙控」轉變，完善減污降碳激勵約束政策，發展綠色金融，加快形成綠色低碳生產生活方式。

（九）切實保障和改善民生，加強和創新社會治理。堅持盡力而為、量力而行，不斷提升公共服務水平，著力解決人民群眾普遍關心關注的民生問題。

促進教育公平與質量提升。落實立德樹人根本任務。推動義務教育優質均衡發展和城鄉一體化，依據常住人口規模配置教育資源，保障適齡兒童就近入學，解決好進城務工人員子女就學問題。全面落實義務教育教師工資待

政府工作報告裏的民生好消息

完善跨省異地就醫直接結算辦法，實現全國醫保用藥範圍基本統一

推進藥品和高值醫用耗材集中帶量採購，確保生產供應

逐步提高心腦血管病、癌症等慢性病和肺結核、肝炎等傳染病防治服務保障水平，加強罕見病研究和用藥保障

規範醫療機構收費和服務，繼續幫扶因疫情遇困的醫療機構，補齊婦幼兒科、精神衛生、老年醫學等服務短板

依據常住人口規模配置教育資源，保障適齡兒童就近入學

全面落實義務教育教師工資待遇，加強鄉村教師定向培養、在職培訓與待遇保障

多渠道增加普惠性學前教育資源

穩步實施企業職工基本養老保險全國統籌，適當提高退休人員基本養老金和城鄉居民基礎養老金標準，確保按時足額發放

完善三孩生育政策配套措施，將3歲以下嬰幼兒照護費用納入個人所得稅專項附加扣除，多渠道發展普惠託育服務，減輕家庭生育、養育、教育負擔

政府工作報告裏的民生好消息

"

堅持租購並舉，加快發展長租房市場，推進保障性住房建設，支持商品房市場更好滿足購房者的合理住房需求

加強市政設施和防災減災能力建設，開展老舊建築和設施安全隱患排查整治，再開工改造一批城鎮老舊小區，支持加裝電梯等設施，推進無障礙環境建設和公共設施適老化改造

保障化肥等農資供應和價格穩定，給種糧農民再次發放農資補貼，加大對主產區支持力度

強化農民工工資拖欠治理，支持農民工就業創業，一定要讓廣大農民有更多務工增收的渠道

完善靈活就業社會保障政策，開展新就業形態職業傷害保障試點

推進政務服務事項集成化辦理，推出優化不動產登記、車輛檢測等便民舉措

嚴厲打擊拐賣、收買婦女兒童犯罪行為，堅決保障婦女兒童合法權益

"

遇，加強鄉村教師定向培養、在職培訓與待遇保障。繼續做好義務教育階段減負工作。多渠道增加普惠性學前教育資源。加強縣域普通高中建設。辦好特殊教育、繼續教育、專門教育，支持和規範民辦教育發展。提升國家通用語言文字普及程度和質量。發展現代職業教育，改善職業教育辦學條件，完善產教融合辦學體制，增強職業教育適應性。推進高等教育內涵式發展，優化高等教育佈局，分類建設一流大學和一流學科，加快培養理工農醫類專業緊缺人才，支持中西部高等教育發展。高校招生繼續加大對中西部和農村地區傾斜力度。加強師德師風建設。健全學校家庭社會協同育人機制。發展在線教育。完善終身學習體系。倡導全社會尊師重教。我國有 2.9 億在校學生，要堅持把教育這個關乎千家萬戶和中華民族未來的大事辦好。

提高醫療衛生服務能力。居民醫保和基本公共衛生服務經費人均財政補助標準分別再提高 30 元和 5 元，推動基本醫保省級統籌。推進藥品和高值醫用耗材集中帶量採購，確保生產供應。強化藥品疫苗質量安全監管。深化醫保支付方式改革，加強醫保基金監管。完善跨省異地就醫直接結算辦法，實現全國醫保用藥範圍基本統一。堅持預防為主，加強健康教育和健康管理，深入推進健康中國行動。逐步提高心腦血管病、癌症等慢性病和肺結核、肝炎

〔延伸閱讀〕

健康中國

　　健康中國是 2017 年 10 月 18 日習近平總書記在中國共產黨的十九大報告中提出的發展戰略，人民健康是民族昌盛和國家富強的重要標誌，要完善國民健康政策，為人民群眾提供全方位全週期健康服務。2019 年 6 月，國務院辦公廳出台《健康中國行動組織實施和考核方案》；7 月，國務院印發《關於實施健康中國行動的意見》，成立健康中國行動推進委員會。

　　健康中國主要涵蓋健康資源、健康服務、健康保障、健康環境和健康水平等方面。一是完善國民健康政策，為人民群眾提供全方位全週期健康服務。二是深化醫藥衛生體制改革，全面建立中國特色基本醫療衛生制度、醫療保障制度和優質高效的醫療衛生服務體系，健全現代醫院管理制度。三是加強基層醫療衛生服務體系和全科醫生隊伍建設。四是全面取消以藥養醫，健全藥品供應保障制度。五是堅持預防為主，深入開展愛國衛生運動，倡導健康文明生活方式，預防控制重大疾病。六是實施食品安全戰略，讓人民吃得放心。七是堅持中西醫並重，傳承發展中醫藥事業。八是支持社會辦醫，發展健康產業。九是促進生育政策和相關經濟社會政策配套銜接，加強人口發展戰略研究。十是積極應對人口老齡化，構建養老、孝老、敬老政策體系和社會環境，推進醫養結合，加快老齡事業和產業發展。

朱慧卿／作　新華社發

5.5%左右 國內生產總值增長5.5%左右

1100 萬人以上 城鎮新增就業1100萬人以上

5.5%以內 城鎮調查失業率全年控制在5.5%以內

3%左右 居民消費價格漲幅3%左右

1.3 萬億斤以上 糧食產量保持在1.3萬億斤以上

2.8%左右 今年赤字率擬按2.8%左右安排、比去年有所下調，有利於增強財政可持續性

2 萬億元以上 預計今年財政收入繼續增長，加之特定國有金融機構和專營機構依法上繳近年結存的利潤、調入預算穩定調節基金等，支出規模比去年擴大2萬億元以上，可用財力明顯增加

中央預算內投資安排6400億元
6400 億元

今年安排中央本級支出增長3.9%，其中中央部門支出繼續負增長
3.9%

新建1億畝高標準農田
1 億畝

政府工作報告裏的這17個數

金融
農田
債券
支付

30 元 **5** 元 居民醫保和基本公共衛生服務經費人均財政補助標準分別再提高30元和5元，推動基本醫保省級統籌

約 **1.5** 萬億元 中央對地方轉移支付增加約1.5萬億元、規模近9.8萬億元，增長18%、為多年來最大增幅

3.65 萬億元 今年擬安排地方政府專項債券3.65萬億元

2.5 萬億元 預計全年退稅減稅約2.5萬億元，其中留抵退稅約1.5萬億元，退稅資金全部直達企業

1000 億元 使用1000億元失業保險基金支持穩崗和培訓，加快培養製造業高質量發展的急需人才，讓更多勞動者掌握一技之長，讓三百六十行行行人才輩出

100% 加大研發費用加計扣除政策實施力度，將科技型中小企業加計扣除比例從75%提高到100%，對企業投入基礎研究實行稅收優惠

等傳染病防治服務保障水平，加強罕見病研究和用藥保障。健全疾病預防控制網絡，促進醫防協同，加強公共衛生隊伍建設，提高重大疫情監測預警、流調溯源和應急處置能力。推動公立醫院綜合改革和高質量發展。規範醫療機構收費和服務，繼續幫扶因疫情遇困的醫療機構，補齊婦幼兒科、精神衛生、老年醫學等服務短板。堅持中西醫並重，加大中醫藥振興發展支持力度，推進中醫藥綜合改革。落實和完善鄉村醫生待遇保障與激勵政策。持續推進分級診療和優化就醫秩序，加快建設國家、省級區域醫療中心，推動優質醫療資源向市縣延伸，提升基層防病治病能力，使群眾就近得到更好醫療衛生服務。

加強社會保障和服務。穩步實施企業職工基本養老保險全國統籌，適當提高退休人員基本養老金和城鄉居民基礎養老金標準，確保按時足額發放。繼續規範發展第三支柱養老保險。加快推進工傷和失業保險省級統籌。做好軍人軍屬、退役軍人和其他優撫對象優待撫恤工作。積極應對人口老齡化，加快構建居家社區機構相協調、醫養康養相結合的養老服務體系。優化城鄉養老服務供給，支持社會力量提供日間照料、助餐助潔、康復護理等服務，穩步推進長期護理保險制度試點，鼓勵發展農村互助式養老服務，創新發展老年教育，推動老齡事業和產業高質量發展。完善三孩生育政

策配套措施，將 3 歲以下嬰幼兒照護費用納入個人所得稅專項附加扣除，多渠道發展普惠託育服務，減輕家庭生育、養育、教育負擔。強化未成年人保護和心理健康教育。提升殘疾預防和康復服務水平。加強民生兜底保障和遇困群眾救助，努力做到應保盡保、應助盡助。

繼續保障好群眾住房需求。堅持房子是用來住的、不是用來炒的定位，探索新的發展模式，堅持租購並舉，加快發展長租房市場，推進保障性住房建設，支持商品房市場更好滿足購房者的合理住房需求，穩地價、穩房價、穩預期，因城施策促進房地產業良性循環和健康發展。

豐富人民群眾精神文化生活。培育和踐行社會主義核心價值觀，深化群眾性精神文明創建。繁榮新聞出版、廣播影視、文學藝術、哲學社會科學和檔案等事業。深入推進全民閱讀。加強和創新互聯網內容建設，深化網絡生態治理。推進公共文化數字化建設，促進基層文化設施佈局優化和資源共享，擴大優質文化產品和服務供給，支持文化產業發展。傳承弘揚中華優秀傳統文化，加強文物古籍保護利用和非物質文化遺產保護傳承，推進國家文化公園建設。用好北京冬奧會、冬殘奧會遺產，發展冰雪運動和冰雪產業。建設群眾身邊的體育場地設施，促進全民健身蔚然成風。

程碩／作　新華社發

　　推進社會治理共建共治共享。促進人民安居樂業、社會安定有序。創新和完善基層社會治理，強化社區服務功能，加強社會動員體系建設，提升基層治理能力。健全社會信用體系。發展社會工作，支持社會組織、人道救助、志願服務、公益慈善等健康發展。嚴厲打擊拐賣、收買婦女兒童犯罪行為，堅決保障婦女兒童合法權益。健全老年人、殘疾人關愛服務體系。完善信訪制度，加強矛盾糾紛排查化解，依法及時解決群眾合理訴求。重視社會心理服務。強化公共法律服務和法律援助。提高防災減災救災和應急救援能力，做好洪澇乾旱、森林草原火災、地質災害、地震等防禦

〔名詞解釋〕

安全生產專項整治三年行動

2020 年 4 月，國務院安委會印發《全國安全生產專項整治三年行動計劃》，主要聚焦在風險高隱患多、事故易發多發的煤礦、非煤礦山、危險化學品、消防、道路運輸、民航鐵路等交通運輸、工業園區、城市建設、危險廢物等 9 個行業領域，組織開展安全整治。全國安全生產專項整治三年行動於 2020 年 4 月 1 日啟動，至 2022 年 12 月結束。

和氣象服務。嚴格食品全鏈條質量安全監管。落實安全生產責任和管理制度，深入開展安全生產專項整治三年行動，有效遏制重特大事故發生。推進國家安全體系和能力建設。強化網絡安全、數據安全和個人信息保護。加強社會治安綜合治理，推動掃黑除惡常態化，堅決防範和打擊各類違法犯罪，建設更高水平的平安中國、法治中國。

各位代表！

面對新的形勢和任務，各級政府要全面貫徹落實黨的十九大和十九屆歷次全會精神，深刻認識「兩個確立」的決定性意義，增強「四個意識」、堅定「四個自信」、做到「兩個維護」，自覺在思想上政治上行動上同以習近平同志為核心的黨中央保持高度一致。堅持依法行政，深化政務公開，加強法治政府建設。依法接受同級人大及其常

委會的監督，自覺接受人民政協的民主監督，主動接受社會和輿論監督。加強審計監督、統計監督。支持工會、共青團、婦聯等群團組織更好發揮作用。堅持不懈推進全面從嚴治黨，深入開展黨風廉政建設和反腐敗鬥爭。加強廉潔政府建設。鞏固黨史學習教育成果。政府工作人員要自覺接受法律監督、監察監督和人民監督，始終把人民放在心中最高位置，無愧於人民公僕稱號。

應對困難和挑戰，各級政府及其工作人員必須恪盡職守、勤政為民，凝心聚力抓發展、保民生。堅持發展是第一要務，必須全面落實新發展理念，推動高質量發展。要鍥而不捨落實中央八項規定精神，馳而不息糾治「四風」特別是形式主義、官僚主義，堅決反對敷衍應付、推諉扯皮，堅決糾治任性用權、工作方法簡單粗暴。要始終把人民群眾安危冷暖放在心上，察實情、辦實事、求實效，及時回應民生關切，堅決嚴肅處理漠視群眾合法權益的嚴重失職失責問題。要充分發揮中央和地方兩個積極性，尊重人民群眾首創精神，防止政策執行「一刀切」、層層加碼，持續為基層減負。健全激勵和保護機制，支持廣大幹部敢擔當、善作為。全國上下畢

力同心、苦幹實幹，就一定能創造新的發展業績。

各位代表！

我們要堅持和完善民族區域自治制度，以鑄牢中華民族共同體意識為主線，促進各民族交往交流交融，推動民族地區加快現代化建設步伐。堅持黨的宗教工作基本方針，堅持我國宗教的中國化方向，積極引導宗教與社會主義社會相適應。全面貫徹黨的僑務政策，維護海外僑胞和歸僑僑眷合法權益，激勵海內外中華兒女攜手共創新的輝煌。

各位代表！

過去一年，國防和軍隊建設取得重大進展，實現「十四五」良好開局。新的一年，要深入貫徹習近平強軍思想，貫徹新時代軍事戰略方針，扣牢建軍一百年奮鬥目標，全面加強黨的領導和黨的建設，全面深化練兵備戰，堅定靈活開展軍事鬥爭，捍衛國家主權、安全、發展利益。加快現代軍事物流體系、軍隊現代資產管理體系建設，構建武器裝備現代化管理體系，持續深化國防和軍隊改革，加強國防科技創新，深入實施新時代人才強軍戰略，推進依法治軍、從嚴治軍，推動軍隊高質量發展。優化國防科技工業佈局。完成國防動員體制改革，加強全民國防教育。各級政府要大力支持國防和軍隊建設，深入開展「雙擁」活動，讓軍政軍民團結堅如磐石。

各位代表！

我們要繼續全面準確、堅定不移貫徹「一國兩制」、「港人治港」、「澳人治澳」、高度自治的方針，落實中央對特別行政區全面管治權，堅定落實「愛國者治港」、「愛國者治澳」。全力支持特別行政區政府依法施政。支持港澳防控疫情、發展經濟、改善民生，更好融入國家發展大局，保持香港、澳門長期繁榮穩定。

汪洋出席全國台聯成立40週年紀念大會

我們要堅持對台工作大政方針，貫徹新時代黨解決台灣問題的總體方略，堅持一個中國原則和「九二共識」，推進兩岸關係和平發展和祖國統一。堅決反對「台獨」分裂行徑，堅決反對外部勢力干涉。兩岸同胞要和衷共濟，共創民族復興的光榮偉業。

各位代表！

我們要堅持獨立自主的和平外交政策，堅定不移走和平發展道路，推動建設新型國際關係，推動構建人類命運共同體。推進落實全球發展倡議，弘揚全人類共同價值。中國始終是世界和平的建設者、全球發展的貢獻者、國際秩序的維護者，願同國際社會一道，為促進世界和平穩定與發展繁榮作出新的更大貢獻！

各位代表！

中國的發展從來都是在應對挑戰中前進的，中國人民有戰勝任何艱難險阻的勇氣、智慧和力量。我們要更加緊密地團結在以習近平同志為核心的黨中央周圍，高舉中國特色社會主義偉大旗幟，以習近平新時代中國特色社會

跟著這條線，穿「閱」今年政府工作報告！

主義思想為指導，攻堅克難，砥礪奮進，努力完成全年目標任務，以實際行動迎接黨的二十大勝利召開，為把我國建設成為富強民主文明和諧美麗的社會主義現代化強國、實現中華民族偉大復興的中國夢不懈奮鬥！

李克強
政府工作報告
完整視頻

李克強
答中外記者問
完整視頻

2021 年
《政府工作報告》
量化指標任務
完成情況

一圖讀懂
2022 年
《政府工作報告》

視頻索引

習近平等中國共產黨和國家領導人出席開幕式 ·················· 1

李克強離席作政府工作報告 ·················· 1

中國共產黨成立 100 週年慶祝大會隆重舉行 ·················· 2

神舟十三號載人飛船成功發射 ·················· 3

首屆中國國際消費品博覽會開幕 ·················· 13

習近平出席第二十四屆冬季奧林匹克運動會
開幕式並宣佈本屆冬奧會開幕 ·················· 18

李克強在河南考察並主持召開災後恢復重建專題會議 ·················· 19

2021 年中國外交：在博弈較量中勇毅前行 ·················· 19

韓正出席橫琴粵澳深度合作區管理機構揭牌儀式 ·················· 43

栗戰書主持召開黃河保護立法座談會 ·················· 45

王滬寧出席「不忘初心、牢記使命」中國共產黨歷史
展覽開幕式並講話 ······················ 60

趙樂際出席全國巡視工作會議暨十九屆中央
第七輪巡視動員部署會 ·················· 60

汪洋出席全國台聯成立 40 週年紀念大會 ········ 62

跟著這條線，穿「閱」今年政府工作報告！ ······· 63

李克強政府工作報告完整視頻 ··············· 63

李克強答中外記者問完整視頻 ··············· 63

2021 年《政府工作報告》量化指標任務完成情況 ····· 63

一圖讀懂 2022 年《政府工作報告》············· 63

書　　名	圖解 2022 中國「政府工作報告」	

出　　版　三聯書店（香港）有限公司
　　　　　香港北角英皇道 499 號北角工業大廈 20 樓
　　　　　Joint Publishing (H.K.) Co., Ltd.
　　　　　20/F., North Point Industrial Building,
　　　　　499 King's Road, North Ponit, Hong Kong

香港發行　香港聯合書刊物流有限公司
　　　　　香港新界荃灣德士古道 220-248 號 16 樓

印　　刷　美雅印刷製本有限公司
　　　　　香港九龍觀塘榮業街 6 號 4 樓 A 室

版　　次　2022 年 6 月香港第一版第一次印刷

規　　格　特 16 開（150 × 210mm）72 面

國際書號　ISBN 978-962-04-4993-2

© 2022 Joint Publishing (H.K.) Co., Ltd.

Published & Printed in Hong Kong